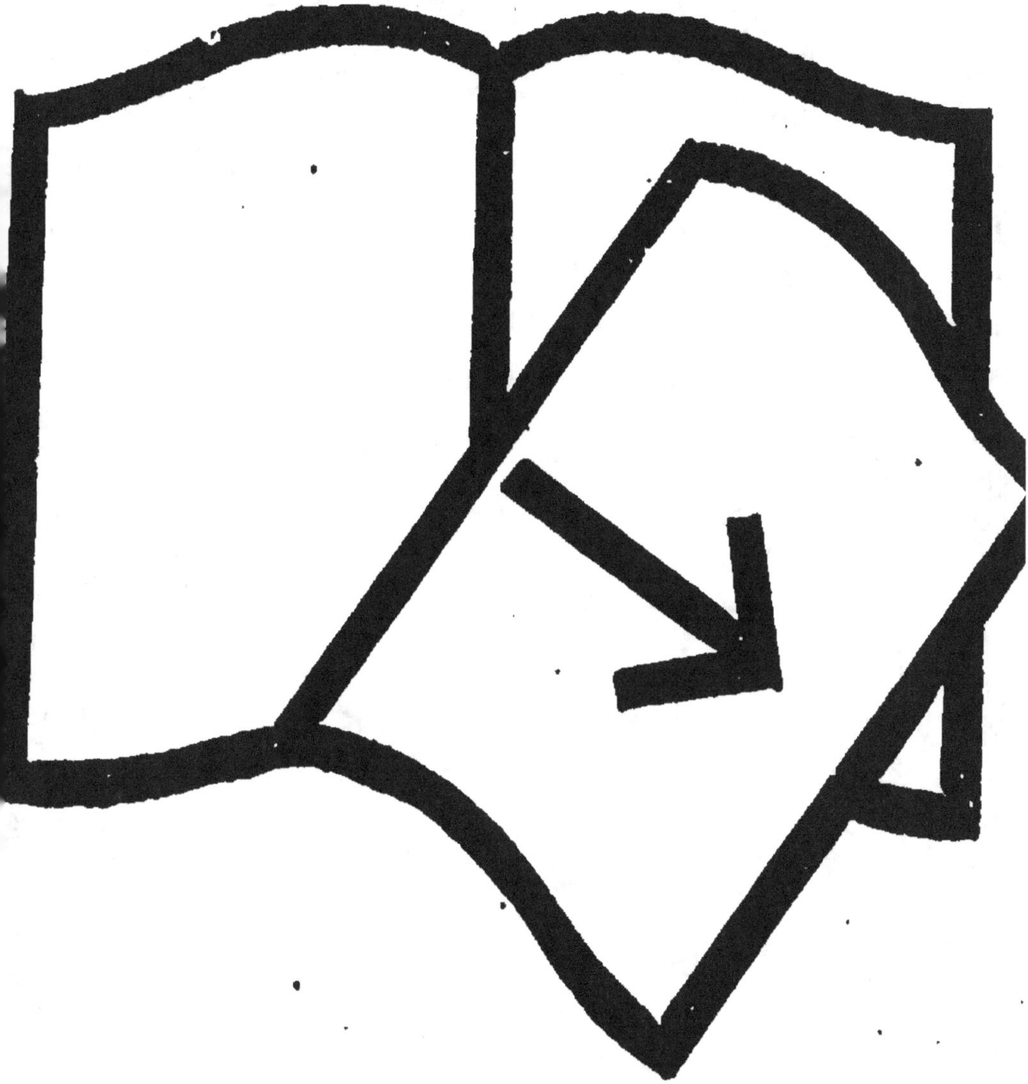

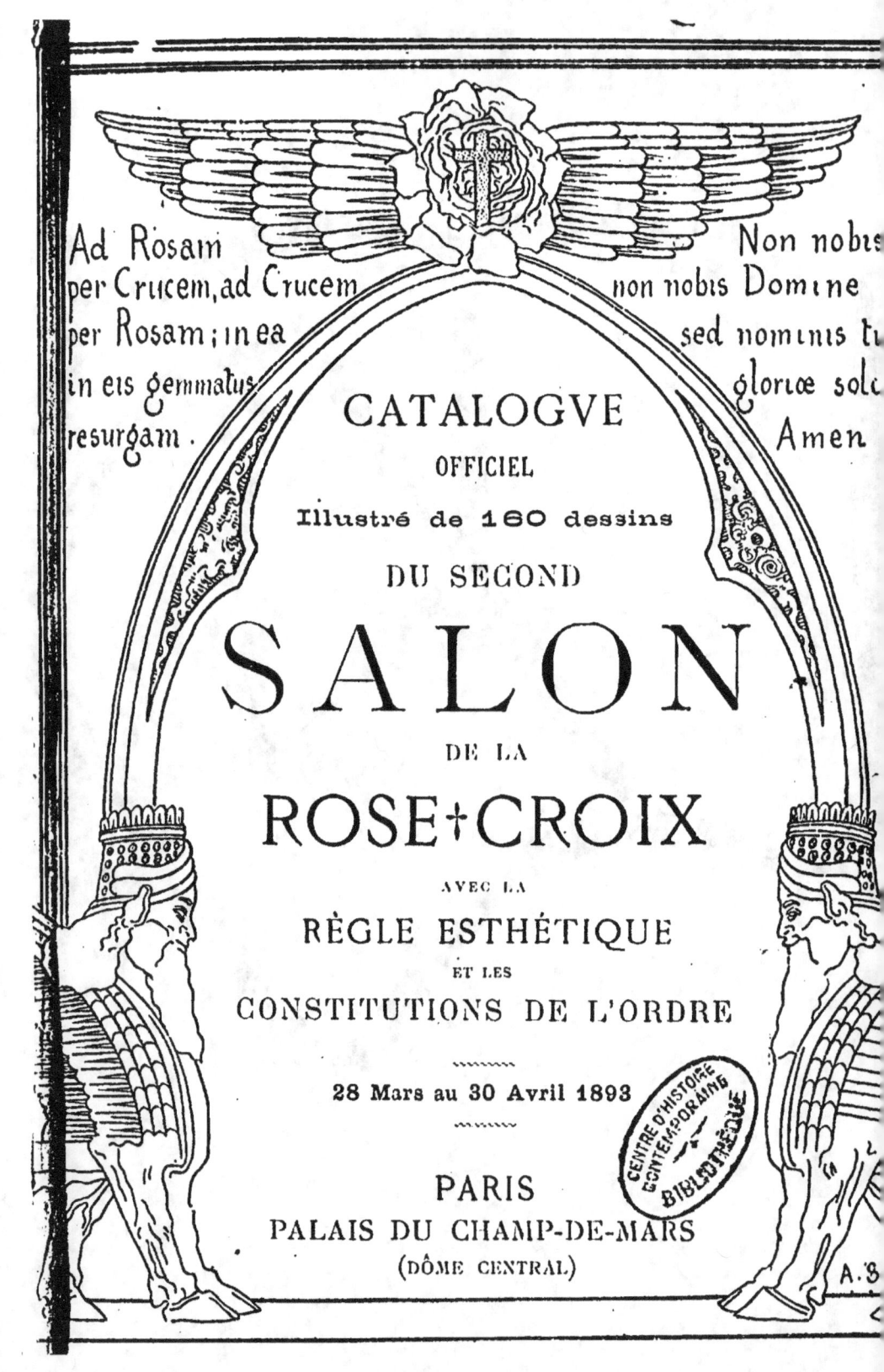

Ad Rosam
per Crucem, ad Crucem
per Rosam; in ea
in eis gemmatus
resurgam.

Non nobis
non nobis Domine
sed nominis tu
gloriæ solœ
Amen

CATALOGVE

OFFICIEL

Illustré de 160 dessins

DU SECOND

SALON

DE LA

ROSE✝CROIX

AVEC LA

RÈGLE ESTHÉTIQUE

ET LES

CONSTITUTIONS DE L'ORDRE

28 Mars au 30 Avril 1893

PARIS

PALAIS DU CHAMP-DE-MARS

(DÔME CENTRAL)

A. 8.

MATINÉES

DE

LA ROSE ✝ CROIX

A 3 heures de l'après-midi, au Salon de la Rose✝Croix.

Les 5, 7, 9, 11, 13 avril

BABYLONE

TRAGÉDIE EN 4 ACTES

DU

SAR PELADAN

1ᵉʳ ACTE. — *L'Oracle d'Ilov.*
2ᵉ ACTE. — *Le Miracle.*
3ᵉ ACTE. — *Ninice à Babylone.*
4ᵉ ACTE. — *La Mort du Mage.*

Le Sar Merodack..........................	MM. V. HATTIER.
L'Archimage Nakhounta...................	DAUMERIE.
L'Archimage Anipnou...	R. ✝ C.
Sennakirib....	R. ✝ C.
Uruck	
Samsina.	Mˡˡᵉ CORYSANDRE.
Un officier................................	R. ✝ C.

La scène se passe : au 1ᵉʳ acte, dans les Jardins suspendus; au 2ᵉ, sur la Tour de Babylone; au 3ᵉ, dans le Temple d'Ilov; au 4ᵉ, dans le Désert d'Haus.

Répétition générale le 29, à 3 heures.

Première représentation le 5 avril, à 3 heures.

Fauteuils, 20 fr.; chaises, 10 fr.; banquettes, 3 fr. — On peut au même prix louer ses places; s'adresser à la Commanderie dès maintenant.

Les 1, 2, 3 avril

LE FILS DES ÉTOILES

WAGNÉRIE EN TROIS ACTES

Mˡˡᵉ NAU jouera Œdomil.

NOMENCLATURE

DES ŒUVRES EXPOSÉES

ORDRE LAÏQUE

DE

LA ROSE † CROIX

DU TEMPLE ET DU GRAAL

SECONDE GESTE ESTHÉTIQUE

1893

SALON — THÉATRE — CONCERT

CATALOGUE OFFICIEL

ILLUSTRÉ

DU

SALON

L'ŒUVRE PELADANE

La Décadence latine (ÉTHOPÉE).

LA QUESTE DU GRAAL

Proses choisies des dix premiers romans avec 10 compositions et un portrait par Séon : 3 fr. 50.

ORAISON FUNÈBRE DU DOCTEUR ADRIEN PELADAN . . . . . . 1 fr. 50
ORAISON FUNÈBRE DU CHEVALIER ADRIEN PELADAN. 1 50

La Décadence esthétique (HIÉROPHANIE).

(INTRODUCTION à l'histoire des peintres de toutes les écoles, depuis les origines jusqu'à la Renaissance, avec reproduction de leurs chefs-d'œuvre et pinacographie spéciale, in-4°, format du Charles Blanc. Parus : L'Orcagna et l'Angelico, 5 francs. — Rembrandt, 1881 (épuisé.)

L'ART IDÉALISTE ET MYSTIQUE

Doctrine de la Rose ✝ Croix, 1 vol. in-18 (pour octobre 93).

Amphithéâtre des sciences mortes.

Théâtre (ŒSTRIE).

EXTRAITS DE LA RÈGLE

SALON

Le second Salon de la Rose ✝ Croix s'ouvrira pour les exposants le 25 mars, pour la presse le 26, pour ceux que l'Ordre veut honorer le 28, à 10 heures.

Le vernissage aura lieu ce même 28, de midi à 6 heures.

L'ouverture au public est fixée au 1ᵉʳ avril, à 10 heures du matin.

Le prix d'entrée sera de 2 francs avant midi et de 1 franc après midi, sauf le vendredi à 3 francs et le dimanche à 0 fr. 50, ainsi que le lundi de Pâques.

THÉATRE

La tragédie en 4 actes *Babylone* sera jouée cinq fois, les 5, 7, 9, 11, 13 avril, à 3 heures de l'après-midi.

Le *Fils des Étoiles* sera joué trois fois, les 1, 2, 3 avril.

Fauteuils : 20 fr. ; chaises : 10 fr.; banquettes : 3 fr., sauf le dimanche où le fauteuil est de 5 fr., la chaise de 2 fr., la banquette de 1 franc.

Les prix sont les mêmes en location ; s'adresser au Salon, à la Commanderie.

CONCERTS

Une heure de musique classique, par Mme Saillard Dietz.
Deux séances de violon, par Mme

Le fauteuil : 3 francs ; la chaise : 1 franc ; les banquettes
GRATUITES.

LECTURE AU PIANO de la partition de *Parsifal*, in-extenso, par
BÉNÉDICTUS, avec un discours du Sar.

Pour les 3 séances, fauteuil : 20 francs ; chaises : 10 francs ;
banquettes

D'autres cérémonies auront lieu dont le programme n'est pas
arrêté. Mme Lange jouera le   du diable de Tartini et
la sonate 4, de Bach, au violon.

Vente exclusive au Salon de la Rose ✝ Croix.

LA QUESTE DU GRAAL

Proses choisies de X romans de l'ÉTHOPÉE

LA DÉCADENCE LATINE DU SAR PELADAN

AVEC UN PORTRAIT DU SAR ET DIX COMPOSITIONS HORS TEXTE

Par SÉON

1 vol. petit in-8, couverture illustrée en couleur
(Se vend au profit de la Rose ✝ Croix)

CONSTITUTIONS DE L'ORDRE LAÏQUE

LA ROSE ✝ CROIX
DU TEMPLE ET DU GRAAL

Promulguées pour la première fois
par ordre du Grand Maître SAR PELADAN

Un vol. format des anciens eucologes, imprimé en bleu sur papier so-
laire, avec couverture dessinée rose et noir et repliée. 72 pages. Par
la poste, 1 fr. 50. Au secrétariat de la Rose ✝ Croix, 2, rue de Com-
maille. (*S'envoie sur réception de mandat ou timbres.*)

CATALOGUE ILLUSTRÉ

AMAN-JEAN. — 15, quai Bourbon.

    1 — *Affiche de la seconde geste esthétique.*

    2 — *Rêverie.*

AZAMBRE (Étienne). — 13, rue Bonaparte.

    3 — *La Sainte-Famille.*

    4 — *Le Rêve de sainte Cécile.*

    5 — *Tête de Femme.*

    6 — *De Profundis (esquisse).*

BÉRENGIER. — 39, rue de Constantinople.

    7 — *Étude de blonde.*

    8 — *Patricienne.*

    9 — *Énigmatique.*

    10 — *Mireille.*

    11 — *Hérodiade.*

    12 — *Beauté de jadis.*

13 — *L'ironie sexuelle.*

14 — *Le Dauphin.*

15 — *Portrait d'âme.*

16 — *Princesse Lombarde.*

17 — *Prestolet.*

18 — *D'après Lord Byron.*

19 — *Étude lombarde.*

20 — *Étude pour Ariane.*

21 — *Sourire Jupitérien.*

22 — *Léandre.*

23 — *Études.*

24 — *Page.*

25 — *Étude Florentine.*

26 — *Sourire.*

27 — *Hébé.*

28 — *Spazine.*

BÉTHUNE (Gaston). — 10, rue Michel-Ange.

29 — *Trio* (pastel).

30 — *Ondine* (pastel).

31 — *Bayreuth :* La Terrasse du théâtre (aquarelle).

32 — *Bayreuth :* Pendant la représentation (aquarelle).

BLOCHE (Roger). -- 22, avenue de Saint-Ouen.

33 — *Virginale dolence* (bronze argenté sculp.).

BOJIDAR (Prince Karageorgevitch), 64, avenue du Bois.

34 — *Frappez et l'on vous ouvrira* (aquarelle).

BOUY (Gaston). — 26, rue Victor-Massé.

35 — *Sacrifice.*

BUSSIÈRE (Gaston). — 59, avenue de Saxe.

36 — *Esquisses décoratives* (triptyque).

37 — *Brunhilde.*

38 — *Mort des Preux.*

39 — *Mort de Roland* (esquisse).

CHABAS (Maurice). — 3, rue Bara.

40 — *L'Ange des Grèves.*

41 — *Vision astrale* (pastel).

42 — *Projets de décoration* (esquisses).

43 — *Voix de l'Au-Delà.*

44 — *Spiritualité* (tête).

CIAMBERLANI (A.) — Rue Lockanghin, Bruxelles.

45 — *Illusion.*

CLARK (S.)

46 — *Tanit* (pastel).

47 — *L'Illusion.*

CORNILLIER (Pierre-Émile). — 21, rue Guénégaud.

48 — *L'Inspiration musicale* (Éventail.)

49 à 60 — *Série de douze dessins pour illustrer les poèmes philosophiques de Victor Hugo.*

61·62 — *Deux dessins pour illustrer le « Pilgrimm's Progress by Bunyam ».*

COUTY (Edme). — 91, rue de Prony.

63 — *Chant du soir* (Panneau décoratif).

64 — *Fleur des bois* (Panneau décoratif).

65 — *Mélancolie* (Esquisse d'un panneau décoratif.)

66 — *La Jeunesse* (Dessin, Esquisse d'un panneau décoratif).

67 — *Rêverie mystique* (Aquarelle).

68 — *Eden* (Aquarelle).

DELACROIX (Eugène). — 22, rue de Douai.

69 — *Pietà.*

DELVILLE (Jean). — 45, quai Bourbon, Paris et 31, rue de l'Église, à Saint-Gilles-lès-Bruxelles.

70 — *Impéria.*

71 — *Élégia.*

72 — *Symbolisation de la Chair et de l'Esprit.*

73 — *Vers l'Inconnu.*

74 — *L'Homme du glaive.*

75 — *Mystériosa.*

76 — *L'Annonciateur.*

77 — *Le Murmure profane.*

DESBOUTINS (Marcellin). — 5, rue Bréda.

78 — *Portrait du Sar Peladan,* Grand-Maître de l'Ordre laïque de la Rose ✝ Croix, du Temple et du Graal.

DÉNEUX. — 6, rue Lécluse.

79 — *Ronde des Fées.*

DUTHOIT (   ). — 9, rue des Fourneaux.

80 — *La Vierge de l'Apocalypse.*

ÉDOUARD (A.) — 19, quai Saint-Michel.

81 — *La Poésie Lyrique.*
82 — *La Fin du Ramadan.*

EGUSQUIZA (Raymond de). — 32, rue Copernic.

83 — *Richard Wagner* (eau-forte d'après la seule photographie dont le maître fût content).
84 — *Wagner* (buste, plâtre).

EHRMANN. — 74, faubourg Saint-Géon, à Nancy.

85 — *La Présentation aux étoiles,* Fête des rites de Laotsau.

FABRY (Emile), rue Potagère, 68, Bruxelles.

86 — *Famille.*
87 — *Prison.*
88 — *Méditation.*
89 — *Pensée.*

FEURE (E. de).

90 — *Fleur du mal.*

91 ··· *Feux follets.*

92 — *Vision.*

93 — *Décoration.*

FOX (G.-B.). — 32, rue de Vaugirard.

94 — *La Résurrection de Lazare* (esquisse, pastel).

GACHONS (André des). — 28, rue Servandoni.

95 — *L'Étang calme* (I. L'Aurore. — II. Les Parfums nocturnes).

96 — *Celle qui songe.*

97 ·· *Lecture pieuse.*

98 — *Le Poète suit sa Muse.*

99 — *Enfer, Purgatoire, Paradis.*

100 — *Chasteté qui passe* (appartenant à la Plume).

101 — *La Guillaneu* (croquis pour l'illustration d'une vieille chanson poitevine).

102 — *Ma Mie Jehanne* (pour illustrer une prose de Jacques des Gachons).

103 — *Les litanies de ma Muse.*

104 — *Vision.*

GAILLARD.

105 — *Mistral, comte de Provence,* d'après un dessin d'Hébert.

GÉRIN (René). — 147, avenue de Villiers.

106 — *Contemplation.*

HABERT (E.). — 5, avenue Philippe-le-Boucher, Neuilly.

107 — *Sainte Elisabeth : le Miracle des Roses.*
108 — *La Légende de Runstephan* (Finistère).
109 — *Princesse* (panneau cuir).

HANNOTIAU (Alex. Aug.). — 118, chaussée de Bruxelles.

110 — *Dans le Parc.*
111 — *Soir en Province.*
112 — *Les Cinq Béguines.*

JACQUES (Léon). — 20, rue de la Buanderie, Bruxelles.

113 — *Le Lys.*
114 — *Parfums du Soir.*
115 — *Le Sphinx.*

JACQUIN.

116 — *Charité.*
117 — *La Nature victorieuse de l'Idée.*

KHNOPFF (Fernan). — 1, quai St-Bernard, Bruxelles.

118 — *I lock my door upon myself.*
119 — *L'Offrande.*
120 — *Victoria.*
121 — *Dessins pour une Sphinge.*
122 — *Dessins pour Victoria.*

LADUMOND. — Paris.

123 — *L'Éternelle Gloire.*

LA LYRE (Adolphe). — 4, rue Saint-Paul.

124 — *La Première Relique.*

125 — *Sainte Cécile, martyre.*

126 — *Sainte Madeleine.*

127 — *L'Appel.*

128 — *Cléopâtre* (esquisse).

129 — *Communion mystique de sainte Madeleine* (esquisse).

130 — *La Fuite en Égypte* (esquisse).

131 — *Sainte Élisabeth* (esquisse).

132 — *L'Étoile du Matin.*

133 — *Idylle.*

134 — *Sainte Perpétue, martyre* (dessin).

LE PETIT (Alfred). — 128, boulevard de Courcelles.

135 — *Une Morte.*

LORIN (Georges). — 7, rue Campagne-Première.

136 — *Le Silence.*

137 — *La Source.*

MALVAL. — 13, rue Molitor.

138 — *Cheval pâle.*

MARCIUS SIMMONS. —

139 — *Esquisse.*

140 — *L'âge de la Foi.*

MASSY (Baron de Massy.)

141 — *Intuition.*

142 — *Dernier regard sur la vie.*

143 — *Après.*

MELL-DUMONT (F.). — 93, avenue de Villiers.

144 — *La Fuite en Égypte.*

145 — *L'Ange à l'Étoile.*

146 — *Les Apôtres.*

MERENTIER (François). — 45, quai Bourbon.

147 — *Armoiries de l'Ordre laïque de la Rose † Croix, du Temple et du Graal.*

 Sceau de l'Ordre du Graal.

 Armoiries de l'Ordre du Graal.

148 — *Sceau du Grand-Maître.*

 Monogramme du Tigre.

MOREAU-NÉRET. — 15, rue Treilhard.

PEINTURE

149 — *L'Amour vainqueur nargue la Sagesse.*

150 — *Érato* (carton de tapisserie, esquisse).

151 — *L'Architecture* (esquisse décorative).

152 — *La Musique sacrée* (carton de vitrail, esquisse).

153 — *La Musique profane* — —

154 — *Diane invulnérable* (esquisse).

155 — *La Terre nourricière* (esquisse).

156 — *Victoire* (esquisse).

157 — *La Récolte des figues* (esquisse.)

AQUARELLES

158 — *Vénus Victorieuse.*

159 — *Junon se venge de Vénus.*

DESSIN

160 — *La Musique.*

MORREN (George). — 51, avenue Montaigne.

161 — *Ce qui a été sera* (fatalité).

162 — *Les Anges semant des Étoiles.*

163 — Recherches pour un carton en exécution : *Une dou-
loureuse Aurore.*

NOEL (Louis). — 108, rue de Vaugirard.

164 — *Saint Thomas d'Aquin* (statue plâtre).

OGIER (Charles). — 159 *bis*, boulevard Montparnasse.

165 — *Prière du Matin* (pastel).

166 — *Moïse.*

OSBERT (Alphonse). — 7, rue Alain-Chartier.

167 — *Vision.*

168 — *Harmonie d'Automne.*

169 — *L'Adieu au Soleil.*

170 — *Le Sommeil.*

171 — *Causerie du Soir.*

172 — Dessin pour l'*Harmonie d'Automne* (appartient à
      Pierre de Lano).

OTTEVAERE (Henri). — 31, rue de la Potterie.

173 — *Soir* (dessin).

174 — *Nuit* (dessin).

OUDART (Félix). — 10, rue du Cherche-Midi.

LES INFLUENCES :

175 — I.   *Devant le livre ouvert...*

176 — II.   *Sidéral et Cosmogonique.*

177 — III.   *... Dormante, elle rêve à d'orageuses mers.*

178 — IV.   *Erraticité.*

179 — V.   *Au Seuil!*

180 — VI.   *Sur le Chemin.*

181 — VII. *La Coupe du Martyre.*

182 — VIII. *Le Christ est ressuscité!*

183 — IX.   *La Froide.*

PAYNE (Lord Arthur). — 15, rue Vernet.

184 — *Le Bain empoisonné.*

185 — *Religieuse.*

PÉZIEUX. — 38, Avenue Duquesne.

186 — *Tête de Christ* (médaillon).

PIERREY (Maurice). — 56, rue de la Faisanderie.

187 — *Le Rayon de soleil.*

188 — *Vesper.*

POINT (Armand). — 15, rue Vaneau.

— *Au bord de l'Eurotas.*

— *Ophélie* (appartenant à M. de S.).

— *Sourire de Printemps* (pastel, à M. C.).

— *Projet de décoration* (les douze mois de l'année).

DESSINS

189 — *Lion.*

190 — *Lionne.*

191 — *Gravité* (appartenant à M. Muron).

192 — *Ophélie* (appartenant à M. de S.).

193 — *Mystère* (appartenant à M. B.).

194 — *Étude pour un plafond* (appartenant à M. B.).

195 — *Songe* (appartenant à M. B.).

196 — *Sérénité* (appartenant à Mme de S.).

197 — *Curiosité.*

198 — *Étude.*

199 — *Étude.*

RAMBAUD (Pierre). — 61, rue d'Erlanger.

200 ... *L'Inspiration* (tête bronze).

201 — *Mystère* (tête bronze).

202 — *Le Rêve* (tête marbre).

203 — *La Pensée* (tête marbre).

REGAMEY (Félix). — 6, rue Goëtlogon.

204 — *Le Vent.*

ROSENKRANTZ (Baron de). — 24, avenue de Saxe.

205 — *Le Christ.*
206 — *La Vision de la Vierge.*
207 — *Psyché* (pastel).
208 — *Près du feu* (pastel).
209 — *La Fuite en Egypte* (esquisse).
210 — *L'Annonciation aux bergères* (esquisse).
211 — *L'Adoration des bergers* (esquisse).

SAINVILLE (Emmanuel de). — 56, rue N.-D.-de-Lorette.

212 — *Kypris-Laksmi.*
213 — *Mélancolie.*

SAVINE. — 43, rue Victor-Massé.

214 — *Rieur* (bois acajou).
215 — *Sainte Anne* (bois sycomore).
216 — *Condottiere* (terre cuite originale).
217 — *Moine* (terre cuite originale).
218 — *Florentin* (terre cuite originale).

SÉON (Alexandre). — 81, rue de l'Abbé-Groult, Paris (Vaugirard).

PEINTURES

219 — *La Vierge.*
220 — *Les Éphèbes.*
221 — *Les Mères.*

www.ingramcontent.com/pod-product-compliance
Lightning Source LLC
Chambersburg PA
CBHW030129230526
45469CB00005B/1874